T0068191

Dios lo Dijo... Y tú... ¿Qué Dices?

Un libro de oración y reflexión para niños y jóvenes

Peggy Evans Clark

WESTBOW
PRESS®
A DIVISION OF THOMAS NELSON
& ZONDERVAN

Traducción Inglés-Español por Isabel Varona-Jirik con la colaboración de Joseph Cantor

Puede hacer pedidos de libros de WestBow Press en librerías o poniéndose en contacto con:

WestBow Press
A Division of Thomas Nelson & Zondervan
1663 Liberty Drive
Bloomington, IN 47403
www.westbowpress.com
1 (866) 928-1240

ISBN: 978-1-5127-9905-7 (sc)
ISBN: 978-1-5127-9906-4 (e)

Número de Control de la Biblioteca del Congreso: 2017912476

Información sobre impresión disponible en la última página.

Fecha de revisión de WestBow Press: 01/22/2018

Después de colaborar en la Escuela Bíblica de Vacaciones de mi ciudad, fui inspirada a escribir un libro de reflexión para niños y jóvenes con la idea de ayudarles a aprender y memorizar las escrituras, así desarrollando su habilidad para la oración.

En cada página de este libro encontrarás una porción de la Biblia seguida por un "pensamiento del día" basado en élla. Luego, encontrarás una oración que se relaciona con ambos. Por último, hay un espacio dónde escribir TU PROPIA ORACIÓN acerca lo que acabas de leer.

Mi oración es que este libro acerque a todos los miembros de la familia al Señor, mientras se acercan, entre sí: hijos y padres, hermanos y hermanas, abuelos y abuelas, tías y tíos y demás parientes, estrechando así los lazos familiares.

¡El Señor les bendiga y les guarde, y haga resplandecer su rostro sobre todos ustedes!

Génesis 1:1

[Moisés dijo ...]
Dios, en el principio, creó
los cielos y la tierra.

Pensamiento del Día:

Muy al principio, Dios hizo estos
dos lugares para nosotros.

Oración:

Gracias Dios por hacernos un cielo y una tierra donde vivir.

Escribe aquí tu oración:

_____

_____

_____

Génesis 1:2

[Moisés dijo ...]
**La tierra era un caos total, las tinieblas
cubrían el abismo, y el Espíritu de Dios iba
y venía sobre la superficie de las aguas.**

Pensamiento Del Día:

Nuestro planeta estaba todo oscuro cuando Dios
y el Espíritu de Dios se movían sobre las aguas.

Oración:

Dios, te doy gracias por nuestro planeta.

Escribe aquí tu oración:

_____

_____

_____

Génesis 1:3

Y dijo Dios: "¡Que exista la luz!"
Y la luz llegó a existir.

Pensamiento del día:

Verdaderamente, Dios habló, y
la luz causó vida y orden.

Oración:

Dios, estoy agradecido por la luz que Tu causaste por Tu
palabra.

Escribe aquí tu oración:

_____

_____

_____

Génesis 1:4-5

**Dios consideró que la luz era buena
y la separó de las tinieblas.**

**5 A la luz la llamó "día", y a las tinieblas,
"noche". Y vino la noche, y llegó la
mañana: ése fue el primer día.**

Pensamiento del día:

Dios dio su aprobación porque quiso que
supiéramos que su creación es muy buena.

Oración:

Te doy gracias Dios, por habernos dado el día y la noche.

Escribe aquí tu oración:

_____

_____

_____

Génesis 1:6

Y dijo Dios: "¡Que exista el firmamento en medio de las aguas, y que las separe!"

Pensamiento del día:

Qué maravilloso es saber que Dios nos ha dado el cielo para cubrirnos totalmente.

Oración:

Te doy gracias, oh Dios, por nuestro bello cielo.

Escribe aquí tu oración:

_____

_____

_____

Génesis 1:8

**Al firmamento Dios lo llamó "cielo".
Y vino la noche, y llegó la mañana:
ése fue el segundo día.**

Pensamiento del día:

Al pasar de la mañana a la tarde tenemos un día.

Oración:

Dios, siempre me encantarán las mañanas y las tardes
lindas.

Escribe aquí tu oración:

_____

_____

_____

Génesis 1:9

Y dijo Dios: "¡Que las aguas debajo del cielo se reúnan en un solo lugar, y que aparezca lo seco!" Y así sucedió.

Pensamiento Del Día:

Oh Dios, verdaderamente, Tú hiciste una tierra perfecta.

Oración:

Gracias Dios por habernos dado la tierra seca donde habitar.

Escribe aquí tu oración:

_____

_____

_____

Génesis 1:11; 13 b

Y dijo Dios: "¡Que haya vegetación sobre
la tierra; que ésta produzca hierbas que
den semilla y árboles que den su fruto
con semilla, todos según su especie!"
Y así sucedió. Y vino la noche, y llegó
la mañana: ése fue el tercer día.

Pensamiento del día:

Señor, verdaderamente que tú
estuviste ocupado aquel día.

Oración:

Muchas gracias Dios por hacer que las pequeñas semillas
crezcan para convertirse en nuestro alimento de hoy.

Escribe aquí tu oración:

_____

_____

_____

Génesis 1:14

Y dijo Dios: "¡Que haya luces en el firmamento que separen el día de la noche; que sirvan como señales de las estaciones, de los días y de los años,"

Pensamiento del día:

Gracias Dios mío por hacer las estaciones para nuestro gusto.

Oración:

Oro por los niños que no tienen todas las cuatro estaciones. ¡Son tan bellas!

Escribe aquí tu oración:

_____

_____

_____

Génesis 1:16; 19

Dios hizo los dos grandes astros: el astro mayor para gobernar el día, y el menor para gobernar la noche. También hizo las estrellas ... 19 Y vino la noche, y llegó la mañana: ése fue el cuarto día.

Pensamiento del día:

Dios comprende que necesitamos todas las luces, aún las estrellas.

Oración:

Vemos millones de estrellas por la noche. Me encanta verlas a todas. Gracias Señor.

Escribe aquí tu oración:

_____

_____

_____

Génesis 1:20-21

[20] Y dijo Dios: "¡Que rebosen de seres vivientes las aguas, y que vuelen las aves sobre la tierra a lo largo del firmamento!"[21] Y creó Dios los grandes animales marinos, y todos los seres vivientes que se mueven y pululan en las aguas y todas las aves, según su especie. Y Dios consideró que esto era bueno.

Pensamiento del día:

Aquél fue un día muy atareado, Señor.

Oración:

Muchas gracias por nuestras aves y criaturas del mar.

Escribe aquí tu oración:

_____

_____

_____

Génesis 1: 22-23

²² y los bendijo con estas palabras: "Sean fructíferos y multiplíquense; llenen las aguas de los mares. ¡Que las aves se multipliquen sobre la tierra!"²³ Y vino la noche, y llegó la mañana: ése fue el quinto día.

Pensamiento del día:

Nos encantan los colores de muchas de nuestras aves. Hay muchas aves bellas en otros países.

Oración:

Gracias, oh Dios, por todas las aves, particularmente las que hablan.

Escribe aquí tu oración:

_____

_____

_____

Génesis 1:24

Y dijo Dios: "¡Que produzca la tierra seres vivientes: animales domésticos, animales salvajes, y reptiles, según su especie!"

Y sucedió así.

Pensamiento del día:

Vacas, burros, caballos, camellos, etc. todos fueron hechos para nuestro uso y placer.

Oración:

Gracias Dios por estos animales grandes.

Escribe aquí tu oración:

_____

_____

_____

Génesis 1:25

[Moisés dijo …]
Dios hizo los animales domésticos,
los animales salvajes, y todos los
reptiles, según su especie. Y Dios
consideró que esto era bueno.

Pensamiento del día:

Me encantan los zoológicos y me encantan
los animales grandes y pequeños. Dios, todos
los animales que Tu has hecho son bellos.

Oración:

Gracias a Tí, Dios, por nuestros ojos, con los cuales
podemos ver las criaturas que Tú has hecho.

Escribe aquí tu oración:

_____

_____

_____

Génesis 1:26a

Y dijo [Dios]:
"Hagamos al ser humano a
nuestra imagen y semejanza"

Pensamiento del día:

Dios, Jesús y el Espíritu Santo estaban
haciendo al hombre según su semejanza.

Oración:

Gracias a Ti, Dios, por hacernos según Tu imagen.

Escribe aquí tu oración:

_____

_____

_____

Génesis 1:26b

"Que tenga dominio sobre los peces del mar,
y sobre las aves del cielo; sobre los animales
domésticos, sobre los animales salvajes,
y sobre todos los reptiles que
se arrastran por el suelo."

Pensamiento del día:

Parece que aquí, Dios dijo que podemos
matar a serpientes peligrosas, etc.:
particularmente a las arañas. ¡Aja!

Oración:

Gracias por nuestros animales grandes, como los elefantes,
que pueden actuar en el circo.

Escribe aquí tu oración:

_____

_____

_____

Génesis 1:27

[Moisés dijo ...]
Y Dios creó al ser humano a su
imagen; lo creó a imagen de Dios.
Hombre y mujer los creó,

Pensamiento del día:

Es algo formidable saber y creer que Dios
nos ha creado a su misma imagen.

Oración:

¡Quiero poner esta escritura en mi mente y que nunca salga
de mi memoria!

Escribe aquí tu oración:

_____

_____

_____

Génesis 1:28

y los bendijo con estas palabras: "Sean fructíferos y multiplíquense; llenen la tierra y sométanla; dominen a los peces del mar y a las aves del cielo, y a todos los reptiles que se arrastran por el suelo."

Pensamiento del día:

Es algo milagroso que el hombre pueda domar animales grandes y pequeños.

Oración:

Muchos animales no pueden sobrevivir sin que los alimentemos; Dios, ayúdanos a mantener vivos a los animales domésticos.

Escribe aquí tu oración:

_____

_____

_____

Génesis 1:31

Dios miró todo lo que había hecho, y consideró que era muy bueno. Y vino la noche, y llegó la mañana: ése fue el sexto día.

Pensamiento del día:

¡Que buen día debió haber tenido Dios! Dios amó todo lo que creó en ese sexto día.

Oración:

Gracias Señor por nuestras tardes y mañanas.

Escribe aquí tu oración:

_____

_____

_____

Génesis 2:2

[Moisés dijo ...]
Al llegar el séptimo día, Dios descansó
porque había terminado la obra
que había emprendido.

Pensamiento del día:

Oh mi Dios, yo creo que tú merecías
descansar el séptimo día.

Oración:

Pido porque mi familia ore y descanse todos los domingos.
Han trabajado toda la semana y de esta manera Te honran.

Escribe aquí tu oración:

_____

_____

_____

Génesis 2:3

[Moisés dijo ...]
Dios bendijo el séptimo día, y lo
santificó, porque en ese día descansó
de toda su obra creadora.

Pensamiento del día:

Me alegro por que tú llamaste
santo al séptimo día.

Oración:

Te pido que yo aprenda a santificar todos los domingos en
memoria de Tu día de reposo.

Escribe aquí tu propia oración:

_____

_____

_____

Génesis 2:8-9

[Moisés dijo ...]
Dios el Señor plantó un jardín al oriente
del Edén, y allí puso al hombre que
había formado. 9 Dios el Señor hizo que
creciera toda clase de árboles hermosos,
los cuales daban frutos buenos y
apetecibles. En medio del jardín hizo
crecer el árbol de la vida y también el árbol
del conocimiento del bien y del mal.

Pensamiento del día:

¡Que ser tan creativo es Dios! Produjo
todo esto de su propia mente.

Oración:

¡Dios, me alegra que Tu hayas hecho jardines y toda clase
de árboles!

Escribe aquí tu oración:

_____

_____

_____

Génesis 2:15-17

[Moisés dijo ...]
Dios el Señor tomó al hombre y lo puso
en el Jardín del Edén para que lo cultivara
y lo cuidara, [16] y le dio este mandato:
"Puedes comer de todos los árboles del
jardín, [17] pero del árbol del conocimiento
del bien y del mal no deberás comer. El día
que de él comas, ciertamente morirás."

Pensamiento del día:

Al principio Dios le dio instrucciones
al hombre sobre lo que podía hacer
y lo que no podía hacer.

Oración:

Te pido Dios que yo preste atención a tus instrucciones
todos los días de mi vida.

Escribe aquí tu oración:

_____

_____

_____

Génesis 2:18

Luego Dios el Señor dijo: No es bueno que el hombre esté solo. Voy a hacerle una ayuda adecuada.

Pensamiento del día:

Qué bueno es saber que Dios no quiere que nos sintamos solos.

Oración:

Te doy gracias, Dios, por la familia y los amigos que Tu me has dado.

Escribe aquí tu oración:

_____

_____

_____

Génesis 2:22

**[Moisés dijo ...]
De la costilla que le había quitado
al hombre, Dios el Señor hizo una
mujer y se la presentó al hombre.**

Pensamiento del día:

Agradezco que la Biblia dice que Dios hizo
al primer hombre y a la primera mujer.

Oración:

Gracias Dios por hacer al primer hombre y a la primera
mujer. No hiciste a la mujer del pie para que fuera pisoteada,
ni del hueso de la cabeza para que esté por encima del
hombre; sino de la costilla para que esté a su lado.

Escribe aquí tu oración:

_____

_____

_____

Génesis 2:23

[El hombre] exclamó:
"Ésta sí es hueso de mis huesos
y carne de mi carne.
Se llamará "mujer" porque del
hombre fue sacada."

Pensamiento del día:

El Señor tomó una parte de Adán y la compartió
para crear a Eva. Esto estuvo bien hecho.

Oración:

Eva fue completada del hueso y la carne de Adán. Gracias,
oh Dios, por el hombre y la mujer.

Escribe aquí tu oración:

_____

_____

_____

Génesis 3:1

[Moisés dijo ...]
La serpiente era más astuta que todos los animales del campo que Dios el Señor había hecho, así que le preguntó a la mujer:
—¿Es verdad que Dios les dijo que no comieran de ningún árbol del jardín?

Pensamiento del día:

La serpiente es el Diablo. Nos tienta para que hagamos toda clase de mal.

Oración:

Dios por favor guárdame. Cuando venga la tentación, que yo no sucumba..

Escribe aquí tu oración:

_____

_____

_____

Génesis 3:2-3; 4-5

2 —Podemos comer del fruto de todos los árboles —respondió la mujer—. 3 Pero, en cuanto al fruto del árbol que está en medio del jardín, Dios nos ha dicho: "No coman de ese árbol, ni lo toquen; de lo contrario, morirán." Pero la serpiente le dijo a la mujer: —¡No es cierto, no van a morir! 5 Dios sabe muy bien que, cuando coman de ese árbol, se les abrirán los ojos y llegarán a ser como Dios, conocedores del bien y del mal."

Pensamiento del día:

No confíes en todo el mundo. Es posible que te engañen. Confía en Dios.

Oración:

Señor Dios, por favor enséñame a escucharte a Ti, y a saber que Tú tienes en mente lo mejor para mí.

Escribe aquí tu oración:

_____

_____

_____

Génesis 3:6-7

La mujer vio que el fruto del árbol era bueno para comer, y que tenía buen aspecto y era deseable para adquirir sabiduría, así que tomó de su fruto y comió. Luego le dio a su esposo, y también él comió. 7 En ese momento se les abrieron los ojos, y tomaron conciencia de su desnudez. Por eso, para cubrirse, entretejieron hojas de higuera.

Pensamiento del día:

Satanás es experto en la mentira. No lo escuches a él. Aprende a reconocer la tentación y a resistirla.

Oración:

Señor mío, por favor ayúdame a que NUNCA JAMÁS ceda a las tentaciones que Satanás arme contra mí; que yo conozca tan bien Tu palabra, que sea obvio cuando algo no viene de Ti, y es una trampa.

Escribe aquí tu oración:

_____

_____

_____

Génesis 3:23

Entonces Dios el SEÑOR expulsó al ser
humano del jardín del Edén, para que
trabajara la tierra de la cual había sido hecho.

Pensamiento del día:

Vivimos en un "mundo caído" donde hay pecado,
debido a que Adán y Eva pecaron contra Dios,
al ir en contra de Su voluntad (Sus reglas).

Oración:

Señor mío, por favor perdóname mis pecados. – Procuraré
hacer siempre tu voluntad.

Escribe aquí tu oración:

_____

_____

_____

Éxodo 3:14

— YO SOY EL QUE SOY —respondió
Dios a Moisés—. Y esto es lo que
tienes que decirles a los israelitas:
"YO SOY me ha enviado a ustedes."

Pensamiento del día:

"YO SOY EL QUE SOY" quiere decir que
Dios existe por sí mismo. El no necesita de
nada para poder existir. El, sencillamente ha
existido siempre y existirá para siempre.

Oración:

Padre Celestial, creo que tú eres "El Gran Yo Soy" para mí
y para todas las generaciones.

Escribe aquí tu oración:

_____

_____

_____

Números 14:21

[Dios Dijo...]
**"Pero juro por mí mismo, y por mi
gloria que llena toda la tierra,"**

Pensamiento del día:

Cuando Dios formó la tierra, la
llenó toda con Su gloria.

Oración:

Dios mío concédeme que yo vea tu gloria todo el día y todos
los días.

Escribe aquí tu oración:

_____

_____

_____

Números 32:23

[Moisés dijo...]
"Pero si se niegan, estarán pecando
contra el SEÑOR. Y pueden estar seguros
de que no escaparán de su pecado."

Pensamiento del día:

Dios sabe de nuestro pecado, y seguro
que otras personas lo saben también.

Oración:

El salmo 119:11 dice que debemos guardar en nuestros
corazones Tus palabras para no pecar contra Tí. ¡Dios, que
vivan en mí Tus palabras!

Escribe aquí tu oración:

_____

_____

_____

Deuteronomio 5:33

[Moisés dijo...]
Sigan por el camino que el SEÑOR su
Dios les ha trazado, para que vivan,
prosperen y disfruten de larga vida
en la tierra que van a poseer.

Pensamiento del día:

Es bueno saber que, si andamos
diariamente por los caminos del Señor,
nuestras vidas saldrán bien.

Oración:

Gracias a Ti, Dios, por prolongar mis días, ya que ciertamente
te amo y ando en tus caminos.

Escribe aquí tu oración:

_____

_____

_____

Deuteronomio 6:5

[Moisés dijo...]
Ama al SEÑOR tu Dios con todo tu corazón y con toda tu alma y con todas tus fuerzas.

Pensamiento del día:

Este primer mandato fue dado a los creyentes hace más de 3000 años, y porque Dios lo ha dicho, necesitamos hacerlo. Nuestro amor por Jesús puede hacerse cada vez más poderoso cuando nos lo proponemos con todo el corazón.

Oración:

Dios mío, pido que yo continúe amándote con todo mi corazón y mis fuerzas todos mis días. Gracias por este mandamiento.

Escribe aquí tu oración:

_____

_____

_____

Deuteronomio 7:6

[Moisés dijo....]
Porque para el Señor tu Dios tú eres
un pueblo santo; él te eligió para que
fueras su posesión exclusiva entre
todos los pueblos de la tierra.

Pensamiento del día:

¡Dios nos escogió para Sí mismo! ¡Que
pensamiento tan maravilloso! ¡Verdaderamente
que somos un pueblo santo!

Oración:

Gracias Dios por hacerme parte de tu pueblo santo y por
escogerme para Ti.

Escribe aquí tu oración:

_____

_____

_____

Deuteronomio 32:4

[Moisés dijo...]
Él es la Roca, sus obras son perfectas,
y todos sus caminos son justos.
Dios es fiel; no practica la injusticia.
Él es recto y justo.

Pensamiento del día:

Sí, es verdad que Dios es la Roca, y que todo
lo que Él hace es, era, y será perfecto.

Oración:

¡Me alegro porque tú eres MI Roca Dios! Puedo contar con
que tus caminos son justos y honestos en mi vida.

Escribe aquí tu oración:

_____

_____

_____

Esdras 8:22b

[Esdras dijo...]
"la mano de Dios protege a todos los que
confían en él, pero que Dios descarga su
poder y su ira contra quienes lo abandonan."

Pensamiento del día:

Cuando buscamos a Dios, nos viene todo lo
bueno. Pero la ira de Dios aguarda a los que
se tornan en contra del conocimiento de Dios.

Oración:

Oro porque, antes de hacer cualquier cosa por Tu Reino, yo
te busque a Ti primero.

Escribe aquí tu oración:

_____

_____

_____

Nehemías 8:10b

[Nehemías, Esdras y los Levitas dijeron...]
"este día ha sido consagrado a nuestro
Señor. No estén tristes, pues el gozo
del Señor es nuestra fortaleza."

Pensamiento del día:

Nunca te desanimes, porque el gozo
está en tu espíritu. Le podemos pedir a
Dios que nos llene su gozo glorioso.

Oración:

¡Te doy gracias porque Tu gloria llena mi corazón con
alegría!

Escribe aquí tu oración:

_____

_____

_____

Job 5:17

[Alifas dijo...]
"¡Cuán dichoso es el hombre a quien
Dios corrige! No menosprecies la
disciplina del Todopoderoso."

Pensamiento del día:

La gente que vive para Dios está
contenta. - Es claro que la gente que vive
enojada y enfadada no está viviendo para Dios.

Oración:

Me alegraré siempre porque la Biblia dice que la alegría
hace "bien como medicina."

Escribe aquí tu oración:

_____

_____

_____

Salmos 4:3

[David dijo...]
Sepan que el SEÑOR honra al que le es fiel;
el SEÑOR me escucha cuando lo llamo.

Pensamiento del día:

Gracias Dios, por escogerme solamente para Ti.

Oración:

Oro por que yo me convierta en un siervo piadoso Tuyo.

Escribe aquí tu oración:

_____

_____

_____

Salmo 4:7ª [RVA]

**[David Dijo…]
Tú diste alegría a mi corazón.**

Pensamiento del día:

Jesus puso alegría en nuestro corazón cuando
lo recibimos como Señor y Salvador.

Oración:

Te doy gracias Señor por el gozo que tengo en mi corazón
por ti.

Escribe aquí tu oración:

_____

_____

_____

Salmo 4:8

**[David dijo...]
En paz me acuesto y me duermo,
porque sólo tú, SEÑOR, me
haces vivir confiado.**

Pensamiento del día:

Sólo El Señor nos puede ayudar a
dormir en paz y seguridad.

Oración:

Señor, te doy gracias por la bendición de descansar con
confianza.

Escribe aquí tu oración:

_____

_____

_____

Salmo 5:2

[David dijo…]
Escucha mis súplicas, rey mío y Dios mío,
porque a ti elevo mi plegaria.

Pensamiento del día:

David estaba triste y le pidió a
Dios que lo escuchara.

Oración:

Gracias, Dios, porque podemos alzar nuestros ojos hacia ti,
podemos orar ante ti, y Tú nos escuchas.

Escribe aquí tu oración:

_____

_____

_____

Salmo 16:7

[David dijo…]
Bendeciré al Señor, que me aconseja;
aún de noche me reprende mi conciencia.

Pensamiento del día:

Necesitamos acordarnos de pedirle a Dios
que nos guíe. Nuestra consciencia nos
conseja cuando tenemos la Palabra de Dios
en nuestra mente y en nuestro corazón.

Oración:

Enséñame Dios a pedirte tus consejos en todas las cosas.

Escribe aquí tu oración:

_____

_____

_____

Salmo 16:11

[David dijo…]
**Me has dado a conocer la senda de la vida;
me llenarás de alegría en tu presencia,
y de dicha eterna a tu derecha.**

Pensamiento del día:

David tuvo el gozo del Señor en su corazón.
Nosotros necesitamos tenerlo también. El gozo
de nuestro corazón viene solamente de Dios.

Oración:

Ruego porque yo siempre tenga gozo en mi corazón, aun a
pesar de los sentimientos que tenga algunos días.

Escribe aquí tu oración:

_____

_____

_____

Salmo 19:12

[David dijo...]
¿Quién está consciente
de sus propios errores?
¡Perdóname aquellos de los
que no estoy consciente!

Pensamiento del día:

El maligno mete ideas negativas en
nuestra mente, y, por lo tanto pecamos.

Oración:

Padre mío guárdame te falta secretas, errores físicos y
pensamientos malos.

Escribe aquí tu oración:

_____

_____

_____

Salmo 19:14

[David dijo...]
Sean, pues, aceptables ante ti
mis palabras y mis pensamientos,
oh Señor, roca mía y redentor mío.

Pensamiento del día:

Para ser aceptables ante Dios, necesitamos
hacer lo que la Biblia (Dios) nos dice.

Oración:

Padre mío que mi boca sólo diga palabras agradables ante ti.

Escribe aquí tu oración:

_____

_____

_____

Salmo 27:3

[David dijo...]
Aun cuando un ejército me asedie, no temerá
mi corazón;
aun cuando una guerra estalle contra
mí, yo mantendré la confianza.

Pensamiento del día:

Si confiamos en el cuidado de Dios,
no tendremos nada que temer.

Oración:

¡Por favor guárdame! Que no me rodeen ejércitos. Sé que no permitirás que nada me asuste porque tú eres el supervisor supremo.

Escribe aquí tu oración:

_____

_____

_____

Salmo 30:2

[David dijo…]
Señor mi Dios, te pedí ayuda
y me sanaste.

Pensamiento del día:

Esta es una lección verdadera para nosotros:
cuando clamamos a Dios, El nos sana.

Oración:

Gracias a ti, Dios, porque Tú estás siempre presente, me
escuchas cuando tengo necesidad, y me sanas.

Escribe aquí tu oración:

_____

_____

_____

Salmo 30:5

[David dijo...]
Porque sólo un instante dura su enojo, pero toda una vida su bondad.
Si por la noche hay llanto, por la mañana habrá gritos de alegría.

Pensamiento del día:

Algunas veces lloramos por nuestros seres queridos. Sin embargo, sabemos que para cuando salga el sol, Dios ya habrá oído nuestras oraciones y el gozo retornará.

Oración:

Te doy gracias, oh Dios, por tu favor.

Escribe aquí tu oración:

_____

_____

_____

Salmo 33:12

[El Salmista dijo...]
**Dichosa la nación cuyo Dios es el Señor,
el pueblo que escogió por su heredad.**

Pensamiento del día:

Los Estados Unidos de América fueron
fundados en el año 1776 por personas que
creían en Jesucristo como Salvador y Señor.

Oración:

Oro porque el entusiasmo de los "Padres Fundadores" de
esta nación se levante de nuevo y que Dios mire a nuestra
tierra con favor.

Escribe aquí tu oración:

_____

_____

_____

Salmo 34:1 (RVA)

[David dijo...]
BENDECIRÉ á Jehová en todo tiempo;
Su alabanza será siempre en mi boca.

Pensamiento del día:

Hablamos mucho sobre nuestra alabanza a Dios, porque El vive en nuestros corazones.

Oración:

Dios mío, que yo hable siempre de Ti con alabanzas.

Escribe aquí tu oración:

_____

_____

_____

Salmo 34:4

[David dijo…]
Busqué al Señor, y él me respondió;
me libró de todos mis temores.

Pensamiento del día:

Nuestro Padre Celestial está siempre con
nosotros, oye nuestras oraciones, nos
calma y nos sana de nuestros temores.

Oración:

¡Gracias a ti Dios porque se han alejado de mí todos los
temores! Confiaré en Tí cuando esté temeroso.

Escribe aquí tu oración:

_____

_____

_____

Salmo 34:7

[David dijo...]
El ángel del Señor acampa en torno a los
que le temen; a su lado está para librarlos.

Pensamiento del día:

¡Es asombroso saber que Dios envía ángeles
para que nos guarden y nos cuiden!

Oración:

Gracias por los ángeles que has apostado a nuestro
alrededor.

Escribe aquí tu oración:

_____

_____

_____

Salmo 34:8

[David dijo...]
Prueben y vean que el Señor es bueno;
dichosos los que en él se refugian.

Pensamiento del día:

Dios, yo confío en Ti con todo mi
corazón. Sé que Tú me cuidas.

Oración:

Te doy gracias por todas las cosas que haces por mí.
Gracias por llamarme bienaventurado.

Escribe aquí tu oración:

_____

_____

_____

Salmo 34:14

[David dijo...]
que se aparte del mal y haga el bien;
que busque la paz y la siga.

Pensamiento del día:

Enseñanzas como ésta están por toda
la Biblia, por lo cual es importante que la
leamos diariamente. Hay muchos mandatos
para evitar lo malo y hacer el bien.

Oración:

Te ruego que yo siempre haga lo bueno ante tus ojos,
Señor mío.

Escribe aquí tu oración:

_____

_____

_____

Salmo 40: 4

[David dijo...]
Dichoso el que pone su confianza en El
y no recurre a los idólatras
ni a los que adoran dioses falsos.

Pensamiento del día:

Señor, tú eres mi confianza.

Oración:

Yo confío en Ti siempre. Gracias por darme el favor de tener
confianza en Ti.

Escribe aquí tu oración:

_____

_____

_____

Salmo 45:2

[El Salmista dijo...]
Tú eres el más apuesto de los hombres; tus
labios son fuente de elocuencia, ya que
Dios te ha bendecido para siempre.

Pensamiento del día:

Pensemos: Dios considera que sus hijos
son más bellos que quiénes no confiesan
a Cristo como Salvador. Los creyentes
seremos bendecidos para siempre.

Oración:

Dios mío bendice mis labios para que yo les cuente a otros
acerca Ti y Tus promesas.

Escribe aquí tu oración:

_____

_____

_____

Salmo 46:1

[El Salmista dijo...]
Dios es nuestro amparo y nuestra fortaleza,
nuestra ayuda segura en
momentos de angustia.

Pensamiento del día:

Siempre podemos pedirle a Dios
que nos imparta poder. El está
presente cuando lo llamamos.

Oración:

Gracias Dios porque Tú estás presente cuando nosotros te
llamamos. Gracias por Tu fortaleza.

Escribe aquí tu oración:

_____

_____

_____

Salmo 61:4

[David dijo...]
Anhelo habitar en tu casa para siempre
y refugiarme debajo de tus alas.

Pensamiento del día:

Cuando los israelitas viajaban ellos adoraban
a Dios en su tienda. Ellos confiaban en
que Dios los abrigaba todo el tiempo.

Oración:

Señor Dios confío en que Tú siempre me cubrirás bajo tus
alas porque te adoro en la iglesia y en la casa también.

Escribe aquí tu oración:

_____

_____

_____

Salmo 66:1

[El Salmista dijo...]
¡Aclamen alegres a Dios,
habitantes de toda la tierra!

Pensamiento del día:

Los creyentes no necesitan callarse cuando
han encontrado al Señor. Pueden aclamar
a Dios porque están llenos de gozo.

Oración:

¡Gracias Dios por el gozo que está dentro de mí!

Escribe aquí tu oración:

_____

_____

_____

Salmo 86:10

**[David dijo...]
Porque tú eres grande y haces maravillas;
¡sólo tú eres Dios!**

Pensamiento del día:

Jesús, tú haces cosas maravillosas
diariamente, porque tú eres Dios.

Oración:

Ayúdame a reconocer diariamente las obras estupendas
que haces por mí y por mi familia de creyentes.

Escribe aquí tu oración:

_____

_____

_____

Salmo 86:15

[David dijo...]
Pero tú, Señor, eres Dios
clemente y compasivo,
lento para la ira, y grande en amor y verdad

Pensamiento del día:

La compasión del Señor es viva.
Podemos vivir recibiendo continuamente
su misericordia y su verdad.

Oración:

Gracias Señor por la verdad de Tu palabra y por la compasión
que tienes hacia nosotros.

Escribe aquí tu oración:

_____

_____

_____

Salmo 92:15

[El Salmista dijo...]
para proclamar: "El Señor es justo;
él es mi Roca, y en él no hay injusticia."

Pensamiento del día:

Dios mío, tú eres puro. Todos tus pensamientos
acerca de mí, mis amigos en Cristo y
todo el mundo, son positivos. Podemos
contar contigo si nos tornamos hacia ti.

Oración:

Gracias por estar presente conmigo. Eres mi roca y deseo
enseñarles a otros esta realidad.

Escribe aquí tu oración:

_____

_____

_____

Salmo 91:11-12 (RVA)

[Moisés dijo...]
**Pues que á sus ángeles mandará acerca de
ti, Que te guarden en todos tus caminos.
¹² En las manos te llevarán, Porque
tu pie no tropiece en piedra.**

Pensamiento del día:

Dios nos cuida de muchas maneras. Los
ángeles se presentan de muchas formas.
Dios los manda para cuidarnos.

Oración:

¡Dios gracias por cuidarme siempre!

Escribe aquí tu oración:

_____

_____

_____

Salmo 100:2

[El Salmista dijo…]
Aclamen alegres al Señor,
habitantes de toda la tierra;

Pensamiento del día:

Hay que adorar a Dios continuamente y
cantar ante El con canciones gozosas.

Oración:

¡Dios, que nunca me olvide de demostrarte mi devoción, y
de ser agradecido por todas las cosas que Tú has hecho
por mí!

Escribe aquí tu oración:

_____

_____

_____

Salmo 111:10

[David dijo...]
El principio de la sabiduría es el temor del
Señor; buen juicio demuestran quienes
cumplen sus preceptos.
¡Su alabanza permanece para siempre!

Pensamiento del día:

Este temor quiere decir "amor". Cuando amamos
a Dios, comenzamos a comprender todas las
enseñanzas que El nos ha dado. Entendemos
estas lecciones al leer la Biblia diariamente.

Oración:

¡Alabado sea Tu nombre, oh Dios! Quiero cumplir con todos
sus mandamientos. Ayúdame a hacerlo todos los días.

Escribe aquí tu oración:

_____

_____

_____

Salmos 118:24

[El Salmista escribió...]
Este es el día en que el Señor actuó;
regocijémonos y alegrémonos en él.

Pensamiento del día:

¡Debemos alegrarnos por cada día porque
Dios los ha hecho para nosotros!

Oración:

Dios mío, quiero regocijarme en Ti todos los días. Por favor ayúdame a valorar cada día.

Escribe aquí tu oración:

_____

_____

_____

Salmos 119:11

[David dijo...]
En mi corazón atesoro tus dichos
para no pecar contra ti.

Pensamiento del día:

Señor, me doy cuenta de que, entre más
aprendo los versículos de Tu Biblia, más
aprendo la mejor manera de pensar y actuar.
Así, reconoceré el pecado y cómo evitarlo.

Oración:

Querido Dios, por favor prepara mi corazón para reconocer
el pecado, y quítamelo cuando yo te lo pida.

Escribe aquí tu oración:

_____

_____

_____

Salmos 119:93

[David dijo...]
Jamás me olvidaré de tus preceptos,
pues con ellos me has dado vida.

Pensamiento del día:

Tus mandatos y preceptos sobre cómo vivir me
han dado mi vida entera. David le escribió estas
palabras a Dios, y también le cantó alabanzas.

Oración:

Permite que yo siempre sea fiel a tus mandamientos y que
mi vida sea mejor y más sana debido a ellos.

Escribe aquí tu oración:

_____

_____

_____

Salmo 119:24

[David dijo...]
Trata a tu siervo conforme a tu gran amor;
enséñame tus decretos.

Pensamiento del día:

Te doy gracias por las enseñanzas halladas en
cada una de las páginas de Tu Santa Biblia.

Oración:

Señor mío, quiero vivir según tus estatutos, para poder
desarrollarme en todo lo que Tú me estás enseñando.

Escribe aquí tu oración:

_____

_____

_____

Salmo 119:140

[David dijo…]
Tus promesas han superado
muchas pruebas,
por eso tu siervo las ama.

Pensamiento del día:

¡Me encanta leer Tu Palabra! Sé que es pura.

Oración:

Por favor, enséñame a amar y creer Tu palabra, oh Dios.

Escribe aquí tu oración:

_____

_____

_____

Salmo 138:8

[David dijo...]
El Señor cumplirá en mí su propósito.
Tu gran amor, Señor, perdura para siempre;
¡no abandones la obra de tus manos!

Pensamiento del día:

Una vez que aceptamos a Dios y a Jesús en
nuestro corazón, Ellos buscan perfeccionar
todos Sus propósitos para nuestras vidas,
en todo lo que hablamos y hacemos.

Oración:

Te doy gracias por ayudarme a vivir la vida, cada día más,
Como Tú lo prefieres.

Escribe aquí tu oración:

_____

_____

_____

Salmo 139:5

[David dijo...]
Tu protección me envuelve por completo;
me cubres con la palma de tu mano.

Pensamiento del día:

La mano de Dios me cubre, y como
una cerca protectora, me salvaguarda
por detrás y por delante.

Oración:

Dios sé que tú me proteges y te doy gracias por éllo.

Escribe aquí tu oración:

_____

_____

_____

Salmo 139:13

**[David dijo…]
Tú creaste mis entrañas;
me formaste en el vientre de mi madre.**

Pensamiento del día:

Durante mi concepción, Dios se ocupó en
formar todas las partes de mi cuerpo y en
protegerme en la matriz de mi madre.

Oración:

Gracias, oh Dios, por todo mi ser. ¡Eres maravilloso!

Escribe aquí tu oración:

_____

_____

_____

Salmo 141:8

[David dijo...]
En ti, SEÑOR Soberano,
tengo puestos los ojos;
en ti busco refugio; no dejes que me maten.

Pensamiento del día:

Cuando centramos nuestros ojos y
nuestros pensamientos en Nuestro
Señor Dios, El nos protege.

Oración:

Quiero darte gracias por estar dispuesto a escucharme.
¡Esta escritura es formidable!

Escribe aquí tu oración:

_____

_____

_____

Salmo 145:1

[David dijo…]
Te exaltaré, mi Dios y rey;
por siempre bendeciré tu nombre.

Pensamiento del día:

Siempre debemos alabar a Dios
y bendecirle por siempre.

Oración:

¡Oh Dios te alabaré y te bendeciré toda mi vida!

Escribe aquí tu oración:

_____

_____

_____

Salmo 145:8

[David dijo...]
El Señor es clemente y compasivo,
lento para la ira y grande en amor.

Pensamiento del día:

Siempre podemos contar con que El Señor
es paciente con nosotros. Podemos estar
seguros de que siempre será amable y lleno
de consideración y amor hacia nosotros.

Oración:

Gracias Dios por quedarte invariablemente conmigo.

Escribe aquí tu oración:

_____

_____

_____

Salmo 146:2

[El salmista dijo...]
**Alabaré al Señor toda mi vida;
mientras haya aliento en mí,
cantaré salmos a mi Dios.**

Pensamiento del día:

Las alabanzas están dentro de nosotros.
Nuestras almas pueden clamar desde
lo más íntimo de nuestro ser.

Oración:

Te doy gracias porque me diste tantas maneras para alabarte. Puedo cantar, puedo orar, puedo hacer bien todo mi trabajo para complacerte, y puedo decirle a otros acerca de tu bondad. ¡Eres digno de mi alabanza!

Escribe aquí tu oración:

_____

_____

_____

Proverbios 3:9

[Salomón dijo...]
Honra al Señor con tus riquezas
y con los primeros frutos de tus cosechas.

Pensamiento del día:

Debemos darle al Señor su diez por ciento. Esto sigue siendo verdad, aún hasta el día de hoy.

Oración:

Ayúdame, para que yo siempre te de Tu parte de las primicias que yo reciba. De este modo reconozco que todos los buenos regalos vienen de ti. Esto significa que yo te doy de mi tiempo, talentos y tesoro.

Escribe aquí tu oración:

_____

_____

_____

Proverbios 4: 20-22

[Salomón dijo...]
Hijo mío, atiende a mis consejos; escucha
atentamente lo que digo.
²¹ No pierdas de vista mis palabras;
guárdalas muy dentro de tu corazón.
²² Ellas dan vida a quienes las
hallan; son la salud del cuerpo.

Pensamiento del día:

Las palabras de la Biblia nos dan vida. ¡Me
alegro porque tengo acceso a ella todos los días!

Oración:

Gracias por lo que está escrito en la Biblia. Me llevará por
el camino recto.

Escribe aquí tu oración:

_____

_____

_____

Proverbios 11:21

[Salomón dijo ...]
Una cosa es segura: Los malvados no
quedarán impunes,
pero los justos saldrán bien librados.

Pensamiento del día:

Algunas veces la gente hace cosas malas,
y hasta malignas. Pero Dios ve todo lo que
hacemos. Si hacemos el mal nos castigará;
Si hacemos el bien, nos recompensará.

Oración:

Señor, oro porque Tú me mantengas puro y me apartes de
cosas malas y malignas.

Escribe aquí tu oración:

_____

_____

_____

Proverbios 12:25

[Salomón dijo...]
**La angustia abate el corazón del hombre,
pero una palabra amable lo alegra.**

Pensamiento del día:

La depresión es congoja del corazón - Dios nos
la quita si nos acercamos a El con humildad.

Oración:

Dios por favor líbrame de ansiedad en mi corazón. Ayúdame
a mantener la mente positiva y a amarte con todo mi corazón.

Escribe aquí tu oración:

_____

_____

_____

Proverbios 18:24

[Salomón dijo…]
Hay amigos que llevan a la ruina,
y hay amigos más fieles que un hermano.

Pensamiento del día:

Dios tiene ese amigo fiel para todos
nosotros. Creo que es Jesús. ¿Verdad?

Oración:

Dios: te doy gracias, por adelantado, por mis amigos. ¡Jesús
es mi mejor amigo!

Escribe aquí tu oración:

_____

_____

_____

Proverbios 19:5

[Salomón dijo...]
**El testigo falso no quedará sin castigo;
el que esparce mentiras no
saldrá bien librado.**

Pensamiento del día:

El Rey Salomón le pidió a Dios que le
diera sabiduría. Dios lo bendijo por eso.
Este sabio nos dejó este conocimiento
en el Libro de Proverbios.

Oración:

Pido que nunca le mienta a Dios, a mi familia, o a mis
amigos, para que no sea castigado.

Escribe aquí tu oración:

_____

_____

_____

Proverbios 19:17

[Salomón dijo...]
Servir al pobre es hacerle
un préstamo al SEÑOR;
Dios pagará esas buenas acciones.

Pensamiento del día:

Dios siempre nos devolverá cuando
le hemos dado al pobre. El multiplica
nuestras bendiciones.

Oración:

Pido que siempre le hagamos caso a los que necesitan
nuestra ayuda.

Escribe aquí tu oración:

_____

_____

_____

Proverbios 19:21

**[Salomón dijo…]
El corazón humano genera
muchos proyectos,
pero al final prevalecen los
designios del Señor.**

Pensamiento del día:

El Señor sabe lo que pensamos y planeamos,
pero al final lo que Dios quiere pasará.

Oración:

Pido que me ayudes para que yo siempre siga Tu consejo
y dirección, oh Señor, para saber que estoy de Tu parte.

Escribe aquí tu oración:

_____

_____

_____

Proverbios 30:5

[Agur dijo...]
**Toda palabra de Dios es digna de crédito;
Dios protege a los que en él buscan refugio.**

Pensamiento del día:

Esta protección que tú nos has dado
nos guarda de malos pensamientos y
malas decisiones porque Tu palabra es
pura. Necesitamos creerla y seguirla.

Oración:

Oro porque yo siga tu palabra en mi vida cotidiana.

Escribe aquí tu oración:

_____

_____

_____

Eclesiastés 3:17

[Salomón dijo...]
Pensé entonces: "Al justo y al malvado
los juzgará Dios, pues hay un tiempo para
toda obra y un lugar para toda acción."

Pensamiento del día:

El Rey Salomón escribió que los
que hacen cosas malas, sean
creyentes o no, serán juzgados.

Oración:

Oro porque todos mis pensamientos y acciones te
demuestren a Tí Dios que estoy intentando cumplir todos
tus mandatos.

Escribe aquí tu oración:

_____

_____

_____

Eclesiastés 12:13

[Salomón dijo…]
El fin de este asunto es que ya se ha
escuchado todo. Teme, pues, a Dios
y cumple sus mandamientos, porque
esto es todo para el hombre.

Pensamiento del día:

¡Si todos cumpliéramos este mandato,
este mundo sería maravilloso!

Oración:

Dios, ruego que siempre te agraden tanto mis pensamientos,
como las buenas obras que tú me lleves a hacer por otros.
Por favor no permitas que piense o haga el mal.

Escribe aquí tu oración:

_____

_____

_____

Eclesiastés 12:14

[Salomón dijo...]
Pues Dios juzgará toda obra, buena o
mala, aun la realizada en secreto.

Pensamiento del día:

Dios, me estás diciendo que Tú conoces todos
mis pensamientos y todas mis motivaciones, ya
sean para hacer el bien o el mal. Quiero siempre
estar de Tu parte. Gracias por esta escritura.

Oración:

Oro porque yo siempre quiera hacer cosas que te agraden,
oh Dios.

Escribe aquí tu oración:

_____

_____

_____

Isaías 11:2; 3a

[Isaías dijo...]
El Espíritu del Señor reposará
sobre él: espíritu de sabiduría y de
entendimiento, espíritu de consejo
y de poder,espíritu de conocimiento
y de temor del Señor.
Él se deleitará en el temor del Señor;

Pensamiento del día:

Dios ha reservado todos estos Espíritus,
y los pone a nuestra disposición, cuando
aceptamos a Jesús como Señor de nuestras
vidas. Este "temor" de que se habla viene
de la palabra griega que significa amor.

Oración:

Ruego que yo emplee estos Espíritus en mi vida Cristiana.

Escribe aquí tu oración:

_____

_____

_____

Isaías 12:2

[Isaías dijo…]
¡Dios es mi salvación! Confiaré
en él y no temeré.
El Señor es mi fuerza, el Señor es mi canción;
¡él es mi salvación!"

Pensamiento del día:

¡Dios merece nuestra confianza constante
a cada momento de cada día!

Oración:

Señor, tú eres Quién que me libra de recibir lo que me
merezco…. Gracias por salvarme.

Escribe aquí tu oración:

_____

_____

_____

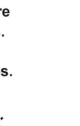

Isaías 25:1

[Isaías dijo...]
SEÑOR, tú eres mi Dios;
te exaltaré y alabaré tu nombre
porque has hecho maravillas.
Desde tiempos antiguos
tus planes son fieles y seguros.

Pensamiento del día:

Debemos alabar el nombre de
Dios todo el tiempo.

Oración:

Gracias por hacer maravillas en mi vida.

Escribe aquí tu oración:

_____

_____

_____

Isaías 26:3

[Isaías dijo...]
**Al de carácter firme
lo guardarás en perfecta
paz, porque en ti confía.**

Pensamiento del día:

Aquella paz perfecta que Dios está
a nuestro alcance cuando dirigimos
nuestra mente constantemente hacia El.
Dios tiene confianza en nuestra fe.

Oración:

Dios haz que yo sienta esa paz cuando me acerque a Ti
en oración.

Escribe aquí tu oración:

_____

_____

_____

Isaías 30:18

[Isaías dijo...]
Por eso el Señor los espera,
para tenerles piedad;
por eso se levanta para
mostrarles compasión.
Porque el Señor es un Dios de justicia.
¡Dichosos todos los que en él esperan!

Pensamiento del día:

Dios desea darnos su gracia porque
Dios es justo. El desea mucho que
tengamos comunión con él.

Oración:

Gracias Dios por hacer cumplir tu voluntad en mi vida.

Escribe aquí tu oración:

_____

_____

_____

Isaías 40:8

[Isaías dijo…]
**"La hierba se seca y la flor se
maarchita, pero la palabra de nuestro
Dios permanece para siempre."**

Pensamiento del día:

Todo se cansa, se agota y se marchita, pero la
palabra de Dios permanece, porque es verdad.

Oración:

¡Oh Dios! Sé que tu palabra es verdad. Muchas gracias por
nuestra Santa Biblia y sus verdades.

Escribe aquí tu oración:

_____

_____

_____

Isaías 43:21 (RVA)

[Dios, por medio de Isaías, Dijo...]
Este pueblo crié para mí, mis
alabanzas publicará.

Pensamiento del día:

Dios formó al hombre, eso lo sabemos. Y Dios
nos dice que lo alabemos en todo momento.

Oración:

Te alabo y te doy gracias porque Tú eres mi Salvador.

Escribe aquí tu oración:

_____

_____

_____

Isaías 51:7

[Dios, por medio de Isaías, dijo...]
"Escúchenme, ustedes que conocen
lo que es recto; pueblo que lleva
mi ley en su corazón: No teman
el reproche de los hombres, ni se
desalienten por sus insultos..."

Pensamiento del día:

Esta es otra escritura que prueba que Dios está
detrás de cada palabra de nuestra Santa Biblia.
Si alguien nos afrenta, el Señor nos defiende.

Oración:

Gracias Señor por estar siempre conmigo. Me encanta
saber que tú eres el único a quien necesito agradar.

Escribe aquí tu oración:

_____

_____

_____

Isaías 55:6

[Dios, por medio de Isaías, dijo...]
**Busquen al Señor mientras se deje encontrar,
llámenlo mientras esté cercano.**

Pensamiento del día:

Necesitamos buscar al Señor diariamente.
Cuando le llamamos en oración, El está cerca.

Oración:

Gracias, Dios, por estar aquí conmigo.

Escribe aquí tu oración:

_____

_____

_____

Isaías 55:9

[Dios, por medio de Isaías, dijo...]
**Mis caminos y mis pensamientos son
más altos que los de ustedes; ¡más
altos que los cielos sobre la tierra!**

Pensamiento del día:

La palabra de Dios está por encima
que toda otra palabra.

Oración:

Dios, haz que aumente más y más mi fe, por medio de tu
Palabra. Cuando no comprenda algo, recuérdame que tú lo
comprendes todo.

Escribe aquí tu oración:

_____

_____

_____

Isaías 55:11

[Dios, por medio de Isaías, dijo...]
"... Así es también la palabra
que sale de mi boca:
No volverá a mí vacía, sino que hará lo que
yo deseo y cumplirá con mis propósitos..."

Pensamiento del día:

Toda la Biblia entera es la palabra de
Dios. Está escrita por muchos autores
y está escrita para todos nosotros.

Oración:

Querido Dios: por favor haz que yo aprenda todo lo posible
sobre tu Palabra. Sé que esto te agradaría mucho.

Escribe aquí tu oración:

_____

_____

_____

Isaías 55:12

[Dios, por medio de Isaías, dijo…]
Ustedes saldrán con alegría y
serán guiados en paz.

Pensamiento del día:

El Espíritu Santo nos guía con alegría y paz
cuando cumplimos una obra para Nuestro Señor.

Oración:

Gracias, Dios, por permanecer siempre con nosotros.

Escribe aquí tu oración:

_____

_____

_____

Jeremías 17:7

[Dios, por medio de Jeremías, dijo...]
"Bendito el hombre que confía en el
Señor, y pone su confianza en él."

Pensamiento del día:

Somos bendecidos cuando ponemos
nuestra esperanza en el Señor.

Oración:

Acepto esta bendición, Señor, toda mi esperanza está en ti.

Escribe aquí tu oración:

_____

_____

_____

Jeremías 29:13

[Dios, por medio de Isaías, dijo...]
**Me buscarán y me encontrarán, cuando
me busquen de todo corazón.**

Pensamiento del día:

La única cosa que tenemos que hacer es
buscar y hallar a Dios. Él está aquí.

Oración:

Ayúdame a compartir esta escritura con todos mis amigos,
porque es cierta.

Escribe aquí tu oración:

_____

_____

_____

Jeremías 32:17

[Jeremías dijo...]
"¡Ah, Señor mi Dios! Tú, con tu gran fuerza
y tu brazo poderoso, has hecho los cielos
y la tierra. Para tí no hay nada imposible."

Pensamiento del día:

Jeremías tenía tanta fe en Dios, que estaba
seguro que Dios podía hacer todo fácilmente.

Oración:

Si puedes crear nuestro planeta y todo lo que está en él,
creo y tengo fe en que todo es fácil para ti.

Escribe aquí tu oración:

_____

_____

_____

Daniel 2:21

[Daniel dijo…]
Él cambia los tiempos y las épocas, pone y
depone reyes. A los sabios da sabiduría, y
a los inteligentes, discernimiento.

Pensamiento del día:

En el libro de Génesis aprendimos que Dios
hizo todos nuestros tiempos y estaciones para
convencernos de que es sabio reconocer
que lo que dice la Biblia es verdad.

Oración:

Quiero leer mi Biblia toda mi vida para ser sabio por lo que
dice.

Escribe aquí tu oración:

_____

_____

_____

Joel 2:21

[Dios, por medio de Joel, dijo…]
"No temas, tierra, sino alégrate y regocíjate,
porque el Señor hará grandes cosas."

Pensamiento del día:

Esta es otra escritura que dice que aún
nuestra tierra puede alegrarse y gozarse.

Oración:

No temeremos por nuestra tierra. Me gozo sobre nuestra
tierra.

Escribe aquí tu oración:

_____

_____

_____

Zacarías 8:21

[Zacarías, dijo...]
"... que irán de una ciudad a otra diciendo a los que allí vivan: '¡Vayamos al Señor para buscar su bendición! ¡Busquemos al Señor Todopoderoso! ¡Yo también voy a buscarlo!'

Pensamiento del día:

Este es nuestro deber cotidiano: acercarnos al Señor y nuestras oraciones serán contestadas.

Oración:

Señor Dios, haz que yo continúe en oración todos los días.

Escribe aquí tu oración:

_____

_____

_____

Mateo 1:18

[Mateo dijo...]
El nacimiento de Jesús, el Cristo, fue así:
Su madre, María, estaba comprometida
para casarse con José, pero antes
de unirse a él, resultó que estaba
encinta por obra del Espíritu Santo.

Pensamiento del día:

¡Qué cosa asombrosa! María fue embarazada
por el Espíritu Santo. Por esto sabemos
que Jesús es el hijo unigénito de Dios

Oración:

¡Gracias oh Dios por los sacrificios de María y José en el
nacimiento de nuestro Salvador!

Escribe aquí tu oración:

_____

_____

_____

Mateo 1:22-23

[Mateo dijo...]
²² Todo esto sucedió para que se cumpliera
lo que el Señor había dicho por medio
del profeta: ²³ "La virgen concebirá y dará
a luz un hijo, y lo llamarán Emanuel"
(que significa "Dios con nosotros").

Pensamiento del día:

Desde hace mucho tiempo, aún desde la
época de Isaías, Dios ya sabía que necesitaría
enviar a Jesús (Emanuel). Isaías lo dijo.

Oración:

Gracias Dios, por mostrarnos, también de esta manera, que
podemos confiar en nuestra Biblia. En ella, nos demuestras
de gran manera como haces obras a través de los profetas
y otras personas escogidas, comprobando que SI tienes un
plan para nuestras vidas.

Escribe aquí tu oración:

_____

_____

_____

Mateo 5:4

[Jesús, dijo...]
"Dichosos los que lloran, porque
serán consolados."

Pensamiento del día:

Jesús está siempre cerca para comprender
nuestros tristes corazones y consolarnos.

Oración:

Te doy gracias, Jesús, por estar siempre cerca cuándo te
necesito, para oírme y calmar mi corazón.

Escribe aquí tu oración:

_____

_____

_____

Mateo 5:16

[Jesús dijo...]
Hagan brillar su luz delante de
todos, para que ellos puedan ver las
buenas obras de ustedes y alaben
al Padre que está en el cielo.

Pensamiento del día:

Dios nos dice que, si elegimos seguirlo,
y procuramos andar rectamente, El
nos llenará y nos bendecirá.

Oración:

Dios, por favor, haznos comprender que Tú nos
proporcionarás todo lo que necesitemos, porque somos
TU justicia.

Escribe aquí tu oración:

_____

_____

_____

Mateo 5:44

[Jesús dijo...]
**Pero yo les digo: "Amen a sus enemigos
y oren por quienes los persiguen..."**

Pensamiento del día:

Además de amar a nuestros buenos
amigos, y a nosotros mismos, debemos
aprender a amar a los que nos ofenden.

Oración:

Dios: dame este precioso amor, para que yo pueda
demostrar tu amor a todos.

Escribe aquí tu oración:

_____

_____

_____

Mateo 6:7-8

[Jesús dijo...]
⁷ Y al orar, no hablen sólo por hablar
como hacen los gentiles, porque ellos se
imaginan que serán escuchados por sus
muchas palabras. ⁸ No sean como ellos,
porque su Padre sabe lo que ustedes
necesitan antes de que se lo pidan.

Pensamiento del día:

Oh, Dios, enséñanos cómo distinguir
entre nuestros deseos y nuestras
necesidades para que oremos mejor.

Oración:

Concédeme que cuando yo ore, fije mi vista en ti y me
enfoque en lo que realmente es importante.

Escribe aquí tu oración:

_____

_____

_____

Mateo 6:15

[Jesús dijo...]
Pero si no perdonan a otros sus ofensas, tampoco su Padre les perdonará a ustedes las suyas.

Pensamiento del día:

Cada día debemos preguntarle a Dios si guardamos resentimiento contra alguien para que Dios también pueda perdonarnos.

Oración:

Ayúdame para que nunca guarde resentimientos en mi corazón.

Escribe aquí tu oración:

_____

_____

_____

Mateo 7:7

[Jesús dijo...]
"**Pidan, y se les dará; busquen, y
encontrarán; llamen, y se les abrirá.**"

Pensamiento del día:

Pide, busca, y llama a la puerta del
corazón de Dios y lo hallarás. El
siempre cumplirá su promesa.

Oración:

Dios gracias por estar dispuesto a escucharnos, por
contestar nuestras preguntas y por permitirnos estar
siempre cerca de ti.

Escribe aquí tu oración:

_____

_____

_____

Mateo 7:20

[Jesús dijo...]
Así que por sus frutos los conocerán.

Pensamiento del día:

Debemos poder reconocer al creyente
cristiano por sus buenas obras.

Oración:

Oro por que mis frutos se manifiesten ante los demás
durante toda mi vida.

Escribe aquí tu oración:

_____

_____

_____

Mateo 10:32-33

[Jesús dijo...]
³² "A cualquiera que me reconozca delante de los demás, yo también lo reconoceré delante de mi Padre que está en el cielo. ³³ Pero a cualquiera que me desconozca delante de los demás, yo también lo desconoceré delante de mi Padre que está en el cielo."

Pensamiento del día:

Jesús, quiero defender tu nombre siempre delante de todos mis amigos. Tu nombre está por encima de todo nombre y la gente necesita oír de todas tus obras maravillosas.

Oración:

Prepara mi corazón y mi boca para hablar acerca ti, porque tú me has salvado y quieres salvar a todo el mundo.

Escribe aquí tu oración:

_____

_____

_____

Mateo 22:37

[Jesús dijo...]
—Ama al Señor tu Dios con todo tu
corazón, con todo tu ser y con toda
tu mente —le respondió Jesús—.

Pensamiento del día:

¿Te parece familiar esta escritura? ¿Te acuerdas
de Deuteronomio 6:5? Jesús nos recuerda
que este es uno de sus primeros mandatos.

Oración:

¡Enseñarme Dios a amarte sobre todas las cosas y te daré
toda la gloria!

Escribe aquí tu oración:

_____

_____

_____

Mateo 24:3-5

[Jesús dijo...]

³ Más tarde estaba Jesús sentado en el monte de los Olivos, cuando llegaron los discípulos y le preguntaron en privado: —¿Cuándo sucederá eso, y cuál será la señal de tu venida y del fin del mundo?⁴ —Tengan cuidado de que nadie los engañe —les advirtió Jesús—. ⁵ Vendrán muchos que, usando mi nombre, dirán: "Yo soy el Cristo", y engañarán a muchos.

Pensamiento del día:

Dios protégeme de quien cite incorrectamente tus palabras de la Biblia. Ayúdame a reconocer errores inmediatamente. Guárdame a mí y a mi familia de quienes son falsos cristos.

Oración:

Ayúdame a estar alerta a lo que dice la Biblia sobre tu regreso, porque tú nos has dicho vienes a llevarnos contigo. Gracias Jesús.

Escribe aquí tu oración:

_____

_____

_____

Mateo 24:31

[Jesús dijo...]
Y al sonido de la gran trompeta
mandará a sus ángeles, y reunirán
de los cuatro vientos a los elegidos,
de un extremo al otro del cielo.

Pensamiento del día:

Debemos anticipar que, ésto que Jesús
ha dicho, seguramente ocurrirá.

Oración:

Oro por toda mi familia y amigos: que sus corazones
conozcan a Jesús antes de que Dios lo envíe para juntarnos
con él. Nadie sabe la fecha: sólo Dios.

Escribe aquí tu oración:

_____

_____

_____

Marcos 8:34

[Marcos dijo, citando a Jesús...]
Entonces llamó a la multitud y a sus
discípulos —Si alguien quiere ser mi
discípulo —les dijo—, que se niegue
a sí mismo, lleve su cruz y me siga.

Pensamiento del día:

Si me niego a mí mismo, eso quiere decir
que pongo en mi lugar a mi Cristo y hago lo
que creo que es Su voluntad. Quiero seguirle
el resto de mi vida. El está conmigo las 24
horas del día y los siete días de la semana.

Oración:

Dios, por favor, haz que yo te ponga a ti de primero en todo
lo que haga.

Escribe aquí tu oración:

_____

_____

_____

Marcos 10:27

—Para los hombres es imposible —aclaró Jesús, mirándolos fijamente—, pero no para Dios; de hecho, para Dios todo es posible.

Pensamiento del día:

La salvación viene sólo de Dios. Cuando le pedimos a Jesús que entre en nuestros corazones para salvarnos, Dios hace el resto.

Oración:

Dios, Tu quieres que todos nos salvemos. Gracias por mi salvación y la de mi familia.

Escribe aquí tu oración:

_____

_____

_____

Lucas 9:56ª (RVA)

[Jesús dijo...]
Porque el Hijo del hombre no ha
venido para perder las almas de los
hombres, sino para salvarlas.

Pensamiento del día:

Jesús es llamado el 'Hijo del Hombre".
Debemos recordar que Dios le envió
a nuestra tierra para salvarnos.

Oración:

Dios, te doy gracias por enviar a Jesús para salvarnos.
Ruego que todo el mundo quiera conocerte.

Escribe aquí tu oración:

_____

_____

_____

Lucas 18:27

—Lo que es imposible para los hombres es posible para Dios —aclaró Jesús.

Pensamiento del día:

Jesús les dijo que Dios sabe que nadie puede ir al cielo por sí mismo. Por eso envió a Jesús. Jesús murió por nuestros pecados para que pudiéramos ser perdonados e ir al cielo.

Oración:

Dios, te doy gracias porque tú hiciste un camino para que yo pueda ir al cielo. ¡Me alegro mucho por que decidí seguirte!

Escribe aquí tu oración:

_____

_____

_____

Juan 3:16

[Juan dijo...]
"Porque tanto amó Dios al mundo,
que dió a su Hijo unigénito, para que
todo el que cree en él no se pierda,
sino que tenga vida eterna."

Pensamiento del día:

Jesús es el único hijo de Dios. Nació
de la virgen María. Si creemos esto, no
moriremos, sino que viviremos con Dios
y Jesús en el cielo para siempre.

Oración:

Dios, te ruego que yo sea siempre leal a ti, y que siempre
te ame y te obedezca.

Escribe aquí tu oración:

_____

_____

_____

Juan 5:22

[Jesús dijo...]
"Además, el Padre no juzga a nadie, sino
que todo juicio lo ha delegado en el Hijo..."

Pensamiento del día:

Jesús es quién nos juzgará.

Oración:

Jesús, perdóname todos los pecados que he cometido
contra ti.

Escribe aquí tu oración:

_____

_____

_____

Juan 6:63

[Jesús dijo...]
"El Espíritu da vida; la carne no vale
para nada. Las palabras que les he
hablado son espíritu y son vida."

Pensamiento del día:

Cuando leemos todas las palabras de
Jesús que están escritas en nuestra Biblia,
el Espíritu Santo verdaderamente nos
trae <u>vida</u> y <u>bienestar</u> a través de ellas.

Oración:

Gracias por tus palabras. Concédeme que pueda continuar
aprendiendo de tus palabras por el resto de mi vida.

Escribe aquí tu oración:

_____

_____

_____

Juan 10:10

[Jesús dijo...]
"El ladrón no viene más que a robar,
matar y destruir; yo he venido para que
tengan vida, y la tengan en abundancia."

Pensamiento del día:

El ladrón es el maligno llamado Satanás. El
que intenta poner cosas malas en nuestra
mente. Pero creemos que el Padre, el Hijo y el
Espíritu Santo. nos guardaran sanos y salvos.

Oración:

Dios por favor guárdame siempre. Protégeme de las
mentiras que dice Satanás.

Escribe aquí tu oración:

_____

_____

_____

Juan 10:27

[Jesús dijo…]
"Mis ovejas oyen mi voz; yo las
conozco y ellas me siguen."

Pensamiento del día:

Dios nos habla de distintas maneras para
que podamos oírle y entenderle. El nos
hizo y por eso nos conoce y quiere que
le sigamos dondequiera que nos guíe.

Oración:

Gracias oh Dios, porque me conoces. Te seguiré toda mi
vida.

Escribe aquí tu oración:

_____

_____

_____

Juan 10:30

**[Jesús dijo...]
"El Padre y yo somos uno."**

Pensamiento del día:

Jesús y Dios son uno. Junto con el
Espíritu Santo forman la Trinidad.

Oración:

Señor, graba esta escritura en mi mente. Jesús siempre
será el hijo de Dios y por eso son uno.

Escribe aquí tu oración:

_____

_____

_____

Juan 11:25

Entonces Jesús le dijo [a Marta]:
—Yo soy la resurrección y la vida. El que
cree en mí vivirá, aunque muera...

Pensamiento del día:

Esta verdad nos asegura que, si
creemos en Jesus, al morir, viviremos
siempre con El en el cielo.

Oración:

Aunque es difícil de comprender que yo pueda vivir para
siempre, yo sé que, si pongo mi confianza en ti, Señor Dios,
viviré para siempre.

Escribe aquí tu oración:

_____

_____

_____

Juan 11:35

[Juan dijo...]
Jesús lloró.

Pensamiento del día:

Lázaro, el amigo de Jesús, había muerto y sus hermanas María y Marta estaban llorando. Jesús se estremeció en su espíritu y también lloró. Esta es la escritura más corta de la Biblia Jesús era real y sintió tristeza por la muerte de su amigo.

Oración:

Gracias por mostrarnos que Jesús era humano y lloró a veces.

Escribe aquí tu oración:

_____

_____

_____

Juan 12:44-45

⁴⁴ "El que cree en mí —clamó Jesús con voz fuerte—, cree no sólo en mí sino en el que me envió. ⁴⁵ Y el que me ve a mí, ve al que me envió."

Pensamiento del día:

Esta es otra escritura que demuestra que Dios es Jesús, y que Dios envió a Jesús a la tierra.

Oración:

Gracias, Dios, por enviar a Jesús.

Escribe aquí tu oración:

_____

_____

_____

Juan 12:46

[Jesús dijo…]
Yo soy la luz que ha venido al
mundo, para que todo el que crea
en mí no viva en tinieblas.

Pensamiento del día:

Las tinieblas pueden ser espantosas. Jesús
nos ha dado una "luz" para seguirlo. Eso
quiere decir que El nos muestra la forma
correcta para vivir, así que no necesitamos
inquietarnos ni estar asustados.

Oración:

Gracias por ser la Luz de mi vida.

Escribe aquí tu oración:

_____

_____

_____

Juan 14:1

[Jesús dijo...]
"No se angustien. Confíen en Dios,
y confíen también en mí..."

Pensamiento del día:

Esta es otra escritura que nos dice que Dios es el Padre y Jesús es el Hijo. Los dos son uno. En ese tiempo el Espíritu Santo aún no había sido dejado en la tierra. Eso pasó después, cuando Jesús fue a sentarse a la derecha de Dios.

Oración:

Dios te amamos a ti y a Jesús. Gracias por enviar a tu hijo Jesús.

Escribe aquí tu oración:

_____

_____

_____

Juan 14:2

[Jesús dijo...]
"En el hogar de mi Padre hay
muchas viviendas; si no fuera así,
ya se lo habría dicho a ustedes.
Voy a prepararles un lugar..."

Pensamiento del día:

¡Imagínate! El cielo está lleno de muchos
hogares maravillosos llamados mansiones.
Jesús se ha ido por adelantado para
preparar lugares como esos para ti y
para mí. Pues somos sus hijos.

Oración:

Te doy gracias con todo mi corazón por amarme y por
querer que yo esté contigo en el cielo.

Escribe aquí tu oración:

_____

_____

_____

Juan 14:6

—Yo soy el camino, la verdad y la vida —le contestó Jesús—. Nadie llega al Padre sino por mí.

Pensamiento del día:

No podemos orar a Dios excepto por medio de Jesús. Por eso debemos terminar todas las oraciones "en el nombre de Jesús". Eres nuestra vida, eres la Verdad y el Camino.

Oración:

Gracias por ser nuestro Padre y por cuidar de nosotros.

Escribe aquí tu oración:

_____

_____

_____

Juan 15:17

**[Jesús dijo...]
Éste es mi mandamiento: que se
amen los unos a los otros.**

Pensamiento del día:

Que mandamiento tan maravilloso. Como
Dios amó a todo el mundo, nosotros también
podemos aprender a amar a los demás.

Oración:

Por favor dame más de tu amor, para que yo pueda amar a
otros como tú los amas.

Escribe aquí tu oración:

_____

_____

_____

Juan 16:28

[Jesús les dijo a sus discípulos…]
Salí del Padre y vine al mundo; ahora dejo
de nuevo el mundo y vuelvo al Padre.

Pensamiento del día:

Jesús empezaba a preparar a sus
discípulos para el evento principal para el
cual fue enviado a la tierra - para morir por
nuestros pecados. Él se los había dicho,
pero ellos tenían dificultad en creerlo.

Oración:

Gracias, oh Dios, por enviar a Jesús a morir por mis pecados
y por los pecados del mundo.

Escribe aquí tu oración:

_____

_____

_____

Juan 17:3

[Jesús, orando al Señor, dijo...]
Y ésta es la vida eterna: que te conozcan
a ti, el único Dios verdadero, y a
Jesucristo, a quien tú has enviado.

Pensamiento del día:

Dios quiere que todos tengamos vida
eterna. Dios es el <u>único</u> Dios verdadero
y Jesús su único hijo verdadero.

Oración:

Me alegro de tener vida eterna contigo, Dios. Gracias a ti y
a tu hijo Jesucristo.

Escribe aquí tu oración:

_____

_____

_____

Juan 17:17

**[Jesús, orando por Sus discípulos, dijo...]
Santifícalos en la verdad; tu
palabra es la verdad.**

Pensamiento del día:

Cada una de las palabras de la Biblia es verdad.

Oración:

Dios, creo que Tu Palabra es verdad. Ayúdame a anunciarles
a otros esta verdad.

Escribe aquí tu oración:

_____

_____

_____

Juan 19:16-18

[Juan dijo...]
¹⁶ Entonces Pilato se lo entregó para que lo crucificaran, y los soldados se lo llevaron.¹⁷ Jesús salió cargando su propia cruz hacia el lugar de la Calavera (que en arameo se llama Gólgota). ¹⁸ Allí lo crucificaron, y con él a otros dos, uno a cada lado y Jesús en medio.

Pensamiento del día:

¡Qué tiempo pavoroso para Jesús y para sus discípulos!

Oración:

Dios, creo que esto es verdad. Estoy contrito por todos mis pecados. Siento que Jesús tuviera que morir por mis pecados, pero tengo gratitud de que fue Tu voluntad enviarle como sacrificio en mi lugar. Estoy agradecido por su sacrificio. No permitas que NUNCA olvide lo que Jesus hizo por mí.

Escribe aquí tu oración:

_____

_____

_____

Juan 20:11-12

[Juan dijo...]

¹¹ pero María se quedó afuera, llorando junto al sepulcro. Mientras lloraba, se inclinó para mirar dentro del sepulcro, ¹² y vio a dos ángeles vestidos de blanco, sentados donde había estado el cuerpo de Jesús, uno a la cabecera y otro a los pies.

Pensamiento del día:

Los discípulos creían que Jesús había sido enviado para ser un "rey terrenal". Después de la crucifixión estaban afligidos. Aún no se daban cuenta de que Jesús fue enviado para pagar por los pecados del mundo, para después vivir para siempre a la Diestra de Dios. Esto quiere decir que Jesús está vivo.

Oración:

¡Dios, cuánto me alegro de tener el beneficio de saber que eso es cierto!

Escribe aquí tu oración:

_____

_____

_____

Juan 20:29

—Porque me has visto, has creído —
le dijo Jesús—; dichosos los que no
han visto y sin embargo creen.

Pensamiento del día:

Algunas veces es difícil creer que Dios es real,
porque no podemos verlo. Pero tenemos la
ventaja de la Biblia y todas aquellas personas de
la historia que nos han demostrado que ÉL ES
real. Por eso podemos tener confianza y creer.

Oración:

Dios, te ruego que yo crea que eres real. Concédeme el
valor para convencer a otros que todavía no creen que eres
real.

Escribe aquí tu oración:

_____

_____

_____

Hechos 17:28

[Pablo dijo...]
"Puesto que en él vivimos, nos movemos
y existimos". Como algunos de sus
propios poetas griegos han dicho:
"De él somos descendientes."

Pensamiento del día:

Estamos llenos de ti Señor, así que nos
movemos y vivimos *sólo* para ti.

Oración:

Oro porque yo pueda aprender esta escritura y hacerla real
en mi vida.

Escribe aquí tu oración:

_____

_____

_____

Romanos 8:16

[Pablo dijo...]
El Espíritu mismo le asegura a nuestro
espíritu que somos hijos de Dios.

Pensamiento del día:

Como somos hijos de Dios, Su Espíritu nos
da testimonio de que somos sus hijos.

Oración:

Señor, Gracias por conocerme.

Escribe aquí tu oración:

_____

_____

_____

Romanos 8:28

[Pablo dijo...]
²⁸ Ahora bien, sabemos que Dios dispone
todas las cosas para el bien de quienes
lo aman, los que han sido llamados
de acuerdo con su propósito.

Pensamiento del día:

Cuando nosotros amamos a Dios, El hace
que *todo* (aún las cosas malas) salgan
de acuerdo con Sus propósitos.

Oración:

Te ruego que yo siempre esté seguro de que todas las
cosas buenas de mi vida vienen de Ti.

Escribe aquí tu oración:

_____

_____

_____

Romanos 8:31

[Pablo dijo...]
¿Qué diremos frente a esto? Si
Dios está de nuestra parte, ¿quién
puede estar en contra nuestra?

Pensamiento del día:

Dios siempre está a favor de todos
los creyentes, nunca lo dudemos.

Oración:

Enséñame a recordar siempre que tú estás de mi parte, oh
Dios.

Escribe aquí tu oración:

_____

_____

_____

Romanos 8:37

[Pablo dijo…]
Sin embargo, en todo esto somos
más que vencedores por medio
de aquel que nos amó.

Pensamiento del día:

Debemos contar con nuestro Padre Celestial
en todo lo que intentamos lograr.

Oración:

Señor, ayúdame a apoyarme en Ti en todos mis problemas
y/o las metas que quiero lograr. Tú me das libertad para
hacer todo lo que me pides hacer.

Escribe aquí tu oración:

_____

_____

_____

Romanos 8:38-39

[Pablo dijo...]

³⁸ Pues estoy convencido de que ni la muerte ni la vida, ni los ángeles ni los demonios, ni lo presente ni lo por venir, ni los poderes, ³⁹ ni lo alto ni lo profundo, ni cosa alguna en toda la creación, podrá apartarnos del amor que Dios nos ha manifestado en Cristo Jesús nuestro Señor.

Pensamiento del día:

Este amor es una promesa eterna. Parece que Pablo sabía que Dios no nos abandona.

Oración:

Confío en ti, Dios. Nada nos separará nunca. Guarda mis caminos, mis amigos, mis pensamientos y mis pasos. Gracias.

Escribe aquí tu oración:

_____

_____

_____

Romanos 10:17

[Pablo dijo...]
Así que la fe viene como resultado
de oír el mensaje, y el mensaje que
se oye es la palabra de Cristo.

Pensamiento del día:

Al oír la palabra de Dios, nuestros oídos
son bendecidos porque la palabra entra a
nuestros corazones y por ello la fe aumenta.

Oración:

Gracias Señor porque tenemos oídos para oír.

Escribe aquí tu oración:

_____

_____

_____

1 Corintios 1:9

[Pablo dijo...]
**⁹ Fiel es Dios, quien los ha llamado
a tener comunión con su Hijo
Jesucristo, nuestro Señor.**

Pensamiento del día:

Como hemos invitado a Jesús a
entrar en nuestro corazón, podemos
hablar con El y tener comunión con El,
porque está viviendo en nosotros.

Oración:

Gracias porque puedo hablar contigo acerca de mis
sentimientos sobre toda clase de cosas. Oro porque yo te
dé a Tí oportunidad para responderme.

Escribe aquí tu oración:

_____

_____

_____

1 Corintios 10:31

[Pablo dijo...]
En conclusión, ya sea que coman o
beban o hagan cualquier otra cosa,
háganlo todo para la gloria de Dios.

Pensamiento del día:

Aunque no tenemos restricciones sobre lo que
podemos comer o beber, como las tenían los
israelitas de la antigüedad, al comer buenas
comidas y beber buenas bebidas, debemos
hacerlo en dedicación a Dios Todopoderoso.

Oración:

Ayúdame a poner cuidado a lo que estoy comiendo y
bebiendo para mantener mi salud y dar buen ejemplo a los
demás.

Escribe aquí tu oración:

_____

_____

_____

1 Corintios 13:13

[Pablo dijo…]
Ahora, pues, permanecen estas tres
virtudes: la fe, la esperanza y el amor. Pero
la más excelente de ellas es el amor.

Pensamiento del día:

Esto quiere decir que debemos tener
la fe, la esperanza, y el amor de
Dios en nuestros corazones.

Oración:

Gracias a ti Dios por darnos fe, esperanza y amor,
simplemente porque te lo pedimos.

Escribe aquí tu oración:

_____

_____

_____

1 Corintios 16:13

[Pablo dijo...]
Manténganse alerta; permanezcan firmes
en la fe; sean valientes y fuertes.

Pensamiento del día:

Guardar nuestra confianza en ti, conocer lo
que dice la Biblia y permanecer valiente ante
los incrédulos... Dios, Tu nos mantendrás
fortalecidos en estos tres propósitos para que
permanezcamos firmes ante los incrédulos.

Oración:

Ayúdame a vivir conforme a todas estas escrituras toda mi
vida.

Escribe aquí tu oración:

_____

_____

_____

1 Corintios 16:14

[Pablo dijo]
Hagan todo con amor.

Pensamiento del día:

Debemos usar nuestro tiempo para hacer la
obra del Señor con amor en nuestro corazón.

Oración:

Deseo que siempre me encante hacer la obra de Dios.

Escribe aquí tu oración:

_____

_____

_____

2 Corintios 1:20

[Pablo dijo...]
Todas las promesas que ha hecho Dios son
"sí" en Cristo. Así que por medio de Cristo
respondemos "amén" para la gloria de Dios.

Pensamiento del día:

Aquí esta otra de las muchas promesas
de Dios: nuestras oraciones, hechas
de acuerdo con Su voluntad, serán
contestadas "sí" y "amén" en Su tiempo.

Oración:

Gracias, oh Dios, por darme esta revelación, que aumenta
mi creciente conocimiento sobre ti.

Escribe aquí tu oración:

_____

_____

_____

2 Corintios 5:5-6

[Pablo dijo...]
⁵ Es Dios quien nos ha hecho para este fin y nos ha dado su Espíritu como garantía de sus promesas. ⁶ Por eso mantenemos siempre la confianza, aunque sabemos que mientras vivamos en este cuerpo estaremos alejados del Señor.

Pensamiento del día:

Damos gracias a Dios por asegurarnos que, aunque estamos físicamente separados de El, estamos con El, porque Su Espíritu vive en nosotros.

Oración:

Gracias, Dios, por preparar un lugar, donde, en el fututo, podremos estar físicamente juntos.

Escribe aquí tu oración:

_____

_____

_____

2 Corintios 5:7

[Pablo dijo…]
Vivimos por fe, no por vista.

Pensamiento del día:

Dios desea que todos nosotros
tengamos confianza en que El nos
ayuda en toda circunstancia.

Oración:

Espero estar aprendiendo a tener fe en Ti, porque, sólo Tú
lo solucionas todo.

Escribe aquí tu oración:

_____

_____

_____

2 Corintios 5:17

[Pablo dijo…]
Por lo tanto, si alguno está en Cristo,
es una nueva creación. ¡Lo viejo ha
pasado, ha llegado ya lo nuevo!

Pensamiento del día:

En el instante en que Jesús entra
a nuestro corazón, cosas nuevas
empiezan a ocurrir dentro de nosotros
automáticamente. Jesús lo hace todo.

Oración:

Gracias Dios, porque Tú me haces todo nuevo. ¡Me encanta!
Ruego que yo siempre siga Tu palabra escrita en mi Biblia.

Escribe aquí tu oración:

_____

_____

_____

2 Corintios 5:20

[Pablo dijo...]
Así que somos embajadores de Cristo,
como si Dios los exhortara a ustedes por
medio de nosotros: "En nombre de Cristo
les rogamos que se reconcilien con Dios."

Pensamiento del día:

Esta escritura nos dice que nosotros debemos
hablar con otros acerca de lo que Cristo hizo
por nosotros y no tener miedo de hablarlo
abiertamente. Dios nos enviará con quién
hablar y nos dará las palabras que decir.

Oración:

Querido Dios, concédeme aprender más de las escrituras,
para Tu gloria. Concédeme la palabra oportuna para decir
de tu parte.

Escribe aquí tu oración:

_____

_____

_____

2 Corintios 6:14

[Pablo dijo...]
No formen yunta con los incrédulos.
¿Qué tienen en común la justicia y
la maldad? ¿O qué comunión puede
tener la luz con la oscuridad?

Pensamiento del día:

Aunque la Biblia dice que debemos hablar
con todos otros sobre el amor de Dios, nunca
debemos juntarnos o casarnos con quiénes no
creen en Jesucristo como Señor y Salvador.

Oración:

Padre Celestial concédeme amistades creyentes toda mi
vida.

Escribe aquí tu oración:

_____

_____

_____

2 Corintios 9:8

[Pablo dijo...]
Y Dios puede hacer que toda gracia abunde
para ustedes, de manera que siempre, en
toda circunstancia, tengan todo lo necesario,
y toda buena obra abunde en ustedes.

Pensamiento del día:

La gracia nos fue dada cuando fuimos
convertidos. Algunos dicen "salvos por gracia".

Oración:

Ruego que yo recuerde siempre que la gracia de Dios
rebosa en mí.

Escribe aquí tu oración:

_____

_____

_____

2 Corintios 12:9

[Pablo dijo…]
Pero él me dijo: "Te basta con mi gracia,
pues mi poder se perfecciona en la
debilidad.' Por lo tanto, gustosamente haré
más bien alarde de mis debilidades, para que
permanezca sobre mí el poder de Cristo.

Pensamiento del día:

Cuando nos cansamos mucho, Dios
viene y nos fortalece de nuevo.
Literalmente nos da Su gracia.

Oración:

Dios, ayúdame a aprender esta escritura, para que yo me
acuerde de clamar a ti cuando necesite fuerzas.

Escribe aquí tu oración:

_____

_____

_____

Gálatas 5:22-23a

[Pablo dijo...]
22 En cambio, el fruto del Espíritu es amor, alegría, paz, paciencia, amabilidad, bondad, fidelidad, 23 humildad y dominio propio.

Pensamiento del día:

Es importante que quienes nos rodeen sepan que pertenecemos a Dios, por la manera como vivimos. El "Fruto del Espíritu" es la manera de vivir.

Oración:

Gracias a Dios por enseñarme a vivir por el camino recto. Por favor ayúdame a vivir según estos buenos ejemplos todos los días de mi vida.

Escribe aquí tu oración:

_____

_____

_____

Efesios 2:8

[Pablo dijo...]
Porque por gracia ustedes han sido
salvados mediante la fe; esto no procede
de ustedes, sino que es el regalo de Dios,

Pensamiento del día:

Dios, Tu me querías antes de que yo te
pidiera que entraras en mi corazón. El
don de la salvación es un regalo tuyo.

Oración:

Te doy gracias por mi salvación y por Tu gracia.

Escribe aquí tu oración:

_____

_____

_____

Efesios 2:10

[Pablo dijo...]
**Porque somos hechura de Dios, creados
en Cristo Jesús para buenas obras, las
cuales Dios dispuso de antemano a fin
de que las pongamos en práctica.**

Pensamiento del día:

Dios nos creó para hacer buenas
obras. Debemos recordar ésto y hacer
obras buenas para Nuestro Señor.

Oración:

Señor, deseo hacer obras buenas para ti y para otros toda
mi vida.

Escribe aquí tu oración:

_____

_____

_____

Efesios 2:19

[Pablo dijo...]
¹⁹ Por lo tanto, ustedes ya no son extraños ni extranjeros, sino conciudadanos de los santos y miembros de la familia de Dios,

Pensamiento del día:

Antes de nuestra conversión, éramos forasteros y extranjeros ante Dios, pero ahora somos ciudadanos del cielo.

Oración:

Ayúdame a compartir esta buena noticia con mis amigos que no te conocen ni a Ti, ni a tu hijo Jesús. ni al Espíritu Santo.

Escribe aquí tu oración:

_____

_____

_____

Efesios 3:19

**[Pablo dijo...]
...en fin, que conozcan ese amor que
sobrepasa nuestro conocimiento, para
que sean llenos de la plenitud de Dios.**

Pensamiento del día:

La plenitud de Dios está al alcance de
todos los cristianos. Éste amor puede
llegar a otros, a través de mí.

Oración:

Mi Señor y Salvador, por favor lléname completamente de
ese amor que Tu das libremente. Gracias.

Escribe aquí tu oración:

_____

_____

_____

Efesios 6:1

[Pablo dijo...]
**Hijos, obedezcan en el Señor a sus
padres, porque esto es justo.**

Pensamiento del día:

Esta escritura es de Dios, diciéndonos
que debemos obedecer a nuestros
padres. Ellos saben que es lo mejor.

Oración:

Quisiera agradar a mis padres porque eso te agrada a Ti.
Quiero obedecer a mis padres siempre.

Escribe aquí tu oración:

_____

_____

_____

Efesios 5:18

[Pablo dijo...]
No se emborrachen con vino, que
lleva al desenfreno. Al contrario,
sean llenos del Espíritu.

Pensamiento del día:

Esta afirmación de Dios nos dice que no
debemos emborracharnos con vino ni
con ninguna otra bebida alcohólica.

Oración:

Oh Dios, guárdame de lugares que sirven alcohol y que
yo siempre diga NO a esta clase de cosa. No quiero ser
arrastrado a la maldad.

Escribe aquí tu oración:

_____

_____

_____

Filipenses 1:6

[Pablo dijo...]
Estoy convencido de esto: el que
comenzó tan buena obra en ustedes la irá
perfeccionando hasta el día de Cristo Jesús.

Pensamiento del día:

El día y el momento en que nosotros
aceptamos a Cristo en nuestro corazón, El
empieza una buena obra en nosotros, y si se
lo permitimos, El nos continuará refinando
hasta el día cuando regrese Jesucristo.

Oración:

Dios, ayúdame a aprender a escucharte para que yo pueda
continuar mejorando en lo que Tú deseas. El leer de tu
palabra agudiza mis oídos para escucharte mejor.

Escribe aquí tu oración:

_____

_____

_____

Filipenses 1:21

[Pablo dijo…]
Porque para mí el vivir es Cristo
y el morir es ganancia.

Pensamiento del día:

¡La ganancia es que al morir estaremos
con Cristo para siempre! Mientras tanto,
debemos vivir teniendo siempre en
mente nuestra relación con Cristo.

Oración:

¡Gracias a ti, oh Dios, por estas palabras maravillosas!

Escribe aquí tu oración:

_____

_____

_____

Filipenses 3:13

[Pablo dijo...]
Hermanos, no pienso que yo mismo
lo haya logrado ya. Más bien,
una cosa hago: olvidando lo que
queda atrás y esforzándome por
alcanzar lo que está delante...

Pensamiento del día:

Para nosotros es como una carrera - luchar
por lograr la meta que Dios nos ha puesto,
en Jesucristo. El nos ha llamado.

Oración:

Dios: lucho por lograr la meta que me has puesto en Cristo
Jesús.

Escribe aquí tu oración:

_____

_____

_____

Filipenses 4:8

[Pablo dijo...]
Por último, hermanos, consideren bien
todo lo verdadero, todo lo respetable,
todo lo justo, todo lo puro, todo lo amable,
todo lo digno de admiración, en fin, todo
lo que sea excelente o merezca elogio.

Pensamiento del día:

Sería maravilloso si todos pudiéramos pensar
solamente en estas cosas positivas.

Oración:

Dios guarda mi mente en estos pensamientos buenos.

Escribe aquí tu oración:

_____

_____

_____

Filipenses 4:13

[Pablo dijo...]
Todo lo puedo en Cristo que me fortalece.

Pensamiento del día:

Dios, he comprobado que Tu me fortaleces.
Cuando más lo necesito, siento aquel poder,
aquella fuerza, que viene únicamente de Tí.

Oración:

Gracias Dios por darme fuerza cuando más lo necesito.

Escribe aquí tu oración:

_____

_____

_____

1 Tesalonicenses 5:16-18

[Pablo dijo...]
16 Estén siempre alegres, 17 oren sin cesar, 18 den gracias a Dios en toda situación, porque esta es su voluntad para ustedes en Cristo Jesús.

Pensamiento del día:

Dios nos dijo que tengamos gratitud EN todo, no POR todo. Esto es posible, si siempre oramos y siempre nos alegramos.

Oración:

Oro por que, a medida que crezca y madure en Ti, Señor mío, mi gratitud y mi alegría mejoren más y más.

Escribe aquí tu oración:

_____

_____

_____

Hebreos 1:14

[El autor dijo...]
¿No son todos los ángeles espíritus
dedicados al servicio divino,
enviados para ayudar a los que
han de heredar la salvación?

Pensamiento del día:

Los ángeles son asistentes celestiales
de Dios, que toman parte activa en el
avance del ministerio de Jesús.

Oración:

Oro por aquellos que no te conocen, Gracias por enviar a
Tus ángeles.

Escribe aquí tu oración:

_____

_____

_____

Hebreos 11:1

[El autor dijo...]
Ahora bien, la fe es la garantía de lo que
se espera, la certeza de lo que no se ve.

Pensamiento del día:

Dios nos premia cuando tenemos fe.
El contesta nuestras oraciones según
su voluntad -no según la nuestra.

Oración:

Ruego que a medida que vaya creciendo, mi fe se haga
más fuerte

Escribe aquí tu oración:

_____

_____

_____

Hebreos 11:6

[El autor dijo...]
En realidad, sin fe es imposible agradar
a Dios, ya que cualquiera que se acerca
a Dios tiene que creer que él existe y
que recompensa a quienes lo buscan.

Pensamiento del día:

Dios nos premia cuando tenemos
fe. El contesta nuestras oraciones
según su voluntad -no la nuestra.

Oración:

Día por día oro por la fe que sé que tú quieres que yo tenga.

Escribe aquí tu oración:

_____

_____

_____

Hebreos 13:6

[El autor dijo...]
Así que podemos decir con toda
confianza: "El Señor es quien me
ayuda; no temeré. ¿Qué me puede
hacer un simple mortal?"

Pensamiento del día:

Dios es el único que puede ayudarnos
cuando lo necesitamos. El hombre
no puede hacernos daño.

Oración:

Ya no quiero tener temor por nada, porque Dios es quien
me ayuda; el hombre no lo es.

Escribe aquí tu oración:

_____

_____

_____

Hebreos 13:8

[El autor dijo...]
Jesucristo es el mismo ayer
y hoy y por los siglos.

Pensamiento del día:

Jesús, El Espíritu Santo, y Dios, nunca cambian.

Oración:

Tú estás siempre presente, Señor. Por siempre te daré gracias.

Escribe aquí tu oración:

_____

_____

_____

Santiago 1:2-3

[Santiago dijo…]
²Hermanos míos, considérense muy
dichosos cuando tengan que enfrentarse
con diversas pruebas, ³pues ya saben que
la prueba de su fe produce constancia.

Pensamiento del día:

Todos pasamos por tiempos difíciles.
Cuando aprendemos a contar con Dios
en estos tiempos, todo sale mejor.

Oración:

Gracias a ti, oh Dios, por el gozo que nos ofreces cuando
estamos pasando por pruebas y necesitamos Tus
soluciones. Te alabo por estas pruebas.

Escribe aquí tu oración:

_____

_____

_____

Santiago 1:5

[Santiago dijo...]
Si a alguno de ustedes le falta sabiduría,
pídasela a Dios, y él se la dará, pues
Dios da a todos generosamente
sin menospreciar a nadie.

Pensamiento del día:

Cuánto no sé cuál camino tomar
necesito preguntarle a Dios, pues su
promesa es que "El nos guiará".

Oración:

Ruego que nunca se me olvide preguntarle a Dios cuál es
el camino que necesito tomar. Aprenderé a oír Su voz.

Escribe aquí tu oración:

_____

_____

_____

Santiago 1:17

[Santiago dijo…]
Toda buena dádiva y todo don perfecto
descienden de lo alto, donde está el
Padre que creó las lumbreras celestes,
y que no cambia como los astros ni
se mueve como las sombras.

Pensamiento del día:

Dios, sé que enviaste a Jesús como
un regalo. Fue perfecto en todo.

Oración:

Gracias por, Jesucristo, Tu regalo perfecto para nosotros.

Escribe aquí tu oración:

_____

_____

_____

Santiago 1:22

[Santiago dijo...]
No se contenten sólo con escuchar la palabra, pues así se engañan ustedes mismos. Llévenla a la práctica.

Pensamiento del día:

Esta escritura nos dice que necesitamos aprender a hacer lo que Dios quiere. Algunos solamente escuchan la lectura de la Biblia pero no hacen lo que Dios nos instruye a través de ella.

Oración:

Dios, concédeme que yo siempre desee hacer lo tú dices y lo que tu deseas. Gracias.

Escribe aquí tu oración:

_____

_____

_____

Santiago 4:2b

(Santiago dijo…]
…No tienen, porque no piden.

Pensamiento del día:

Dios está interesado en todo lo que tiene
que ver con nos nosotros. Podemos pedirle
cualquier cosa. El conoce la respuesta.

Oración:

Gracias, Dios, por contestar mis oraciones.

Escribe aquí tu oración:

_____

_____

_____

Santiago 4:7

[Santiago dijo...]
**Así que sométanse a Dios. Resistan
al diablo, y él huirá de ustedes.**

Pensamiento del día:

Aquel pensamiento malo que entra a nuestra
mente es del diablo. Debemos aprender
a rechazarlo para que el diablo huya de
nosotros, y **continuar rechazándolo**
hasta que se haya ido para siempre.

Oración:

Dios te doy gracias porque mantienes mi mente fija en
ti. Concédeme ser una persona positiva que aprende las
escrituras que me enseñas.

Escribe aquí tu oración:

_____

_____

_____

Santiago 4:17

[Santiago dijo…]
Así que comete pecado todo el que
sabe hacer el bien y no lo hace.

Pensamiento del día:

En nuestro corazón sabemos lo que debemos
hacer. Cuando no lo hacemos, pecamos.

Oración:

Oh Dios, por favor, guíame, para hacer obras que te
complazcan.

Escribe aquí tu oración:

_____

_____

_____

1 Pedro 1:25

[Pedro, citando a Isaías, dijo...]
"...pero la palabra del Señor permanece para
siempre. "Esta es la palabra del evangelio
que se les ha anunciado a ustedes.

Pensamiento del día:

La palabra de Dios contenida en
nuestra Biblia continúa siendo perfecta
después de todos estos años.

Oración:

Señor mío, creo en cada palabra que me enseña tu Santa
Biblia. Tus palabras permanecerán para siempre.

Escribe aquí tu oración:

_____

_____

_____

1 Pedro 2:24

[Pedro dijo...]
Él mismo, en su cuerpo, llevó al madero
nuestros pecados, para que muramos
al pecado y vivamos para la justicia. Por
sus heridas ustedes han sido sanados.

Pensamiento del día:

Jesús recibió muchas horrendas heridas y fue
humillado públicamente. Por último, se sacrificó
a sí mismo en la cruz por nuestros pecados.

Oración:

Ayúdame a recordar Tu sacrificio todo los días de mi vida.
Jesús, gracias por tu sacrificio. Hubieras podido pedirle
a Dios que te librara de aquella horrenda muerte, pero te
sacrificaste a ti mismo por nosotros.

Escribe aquí tu oración:

_____

_____

_____

2 Pedro 1:3

[Pedro dijo…]
Su divino poder, al darnos el conocimiento
de aquel que nos llamó por su propia
gloria y potencia, nos ha concedido
todas las cosas que necesitamos
para vivir como Dios manda.

Pensamiento del día:

Dios les ha dado a sus hijos Su poder.

Oración:

Pido poder aprender como usar este poder Divino que
tenemos disponible en Jesús.

Escribe aquí tu oración:

_____

_____

_____

1 Juan 4:4

[Juan dijo...]
Ustedes, queridos hijos, son de Dios
y han vencido a esos falsos profetas,
porque el que está en ustedes es más
poderoso que el que está en el mundo.

Pensamiento del día:

Debemos acordarnos que tenemos el
poder de Dios dentro de nosotros. Cuando
los malos pensamientos nos atacan,
Dios nos los puede quitar – y lo hace.

Oración:

Dios, gracias por quedarte aquí conmigo para ayudarme a
no escuchar cosas que no vienen de ti.

Escribe aquí tu oración:

_____

_____

_____

3 Juan 1: 2 (RVA)

[Juan dijo...]
**Amado, yo deseo que tú seas prosperado
en todas cosas, y que tengas salud, así
como tu alma está en prosperidad.**

Pensamiento del día:

Nuestra alma prospera con la palabra de Dios.
Su palabra dice que El nos sana para que
tengamos buena salud, y cuando hacemos
buenas obras, él nos prospera aún más.

Oración:

Dios, creo Tu palabra y oro por que yo prospere en obras
buenas, en buena salud y en mi alma.

Escribe aquí tu oración:

_____

_____

_____

Judas 20-21

[Judas dijo…]
Ustedes, en cambio, queridos hermanos,
manténganse en el amor de Dios,
edificándose sobre la base de su santísima
fe y orando en el Espíritu Santo, mientras
esperan que nuestro Señor Jesucristo, en
su misericordia, les conceda vida eterna.

Pensamiento del día:

¡Si hacemos todo que nos dice esta
escritura, nos podremos encontrar con
nuestro salvador y tener vida eterna!

Oración:

Dios, concédeme que yo siga estas escrituras y nunca me
aparte de ellas.

Escribe aquí tu oración:

_____

_____

_____

Judas 24-25

[Judas dijo...]
²⁴ ¡Al único Dios, nuestro Salvador, que puede guardarlos para que no caigan, y establecerlos sin tacha y con gran alegría ante su gloriosa presencia, ²⁵ sea la gloria, la majestad, el dominio y la autoridad, por medio de Jesucristo nuestro Señor, antes de todos los siglos, ahora y para siempre! Amén.

Pensamiento del día:

Jesús nos presentará ante Dios. Jesús nos ha guardado de todo tropiezo. Gloria aleluya.

Oración:

¡Espero con anticipación ese día, oh Dios! Guárdame de todo tropiezo.

Escribe aquí tu oración:

_____

_____

_____

Apocalipsis 22:7

**[Jesús, por medio de Juan, dijo…]
"¡Miren que vengo pronto! Dichoso
el que cumple las palabras del
mensaje profético de este libro."**

Pensamiento del día:

Jesús regresará por nosotros solamente
cuando Dios le se lo diga.

Oración:

Querido Dios, concede que mi familia y yo formemos parte
de los creyentes que te llevas contigo cuando vengas a
recoger a los tuyos.

Escribe aquí tu oración:

_____

_____

_____

Apocalipsis 22:18-19

[Juan dijo...]
18 A todo el que escuche las palabras del mensaje profético de este libro le advierto esto: Si alguno le añade algo, Dios le añadirá a él las plagas descritas en este libro. 19 Y si alguno quita palabras de este libro de profecía, Dios le quitará su parte del árbol de la vida y de la ciudad santa, descritos en este libro.

Pensamiento del día:

Qué buena admonición para todos nosotros: él no cambiar la palabra de Dios con intención egoísta.

Oración:

Dios, pido que yo se siempre te sea fiel a Ti y Tus palabras ¡TE AMO!

Escribe aquí tu oración:

_____

_____

_____

Has aprendido las palabras de Dios y de su hijo Jesucristo. Sabes que lo escrito en la Biblia es verdad.

Romanos 10:9 (RVA), dice:

"Que si confesares con tu boca al Señor Jesús, y creyeres en tu corazón que Dios le levantó de los muertos, serás salvo."

Quieres ser salvo? Si quieres ser salvo, ahora mismo, di esta oración con todo tu corazón:

Señor yo creo en mi corazón que tu moriste en la cruz, para salvarme. Perdona mis pecados. Te recibo Jesus como mi Señor y mi salvador. Ven y entra en mi corazón.

Gracias, Jesus por perdonar mis pecados y por darme vida eterna. Amen.

Printed in the United States
By Bookmasters